AF138795

Ein herzliches

„Dankeschön"

meiner Schwester Christa,
die mir mit viel Geduld und Liebe
bei der Fertigstellung
und Gestaltung
der Bücher geholfen hat.

Marianne Weid

Das Kreuz auf dem Hügel

So ist das Leben

viel Schatten – viel Licht

und dennoch

viel Hoffnung und Zuversicht.

Gedichte / Band 1

2013

Bibliografische Information der Deutschen Nationalbibliothek
Die Deutsche Nationalbibliothek
verzeichnet diese Publikation in der
Deutschen Nationalbibliografie;
detaillierte bibliografische Daten sind im
Internet über www. dnb.de abrufbar.

© *by Marianne Weid*

Herstellung und Verlag:
BoD – Books on Demand, Norderstedt

Umschlagfoto: Erich Weid
Druidenstein, 57548 Kirchen/Herkersdorf

Text und Gestaltung:
Marianne Weid

Illustration nach:
Ludwig Richter
Wilhelm Busch
Carl Larsson

Namen frei erfunden

ISBN 9783732232970

MIX
Papier aus verantwortungsvollen Quellen
Paper from responsible sources
FSC® C105338

FSC
www.fsc.org

Inhalt:

Inhalt Seite

Das Kreuz auf dem Hügel - Golgatha

(Jesaja 54/10), (Epheser 2/14), (Matth.11/28)

Es weichen wohl Berge
und fallen auch Hügel,
doch Gottes Gnade bleibet bestehn.
Der Bund seines Friedens,
der wird nimmer wanken
und sein Erbarmen
wir in Ewigkeit sehn.

Sein Friede erfasst uns,
und darum lasst uns
zum heiligen Ort
seiner Anbetung gehn.

Er ruft sie mit Namen,
alle die kamen
zum Kreuz auf dem Hügel,
lässt ihnen durch Jesus
Erlösung geschehn.

Er erquickt die Beladenen,
hilft den Mühseligen
und trägt sie
mit ewigen Armen nach Haus.

Also hat Gott die Welt geliebt

Was betrübst du dich, meine Seele.....

Gott führt aus unerforschtem Grunde
bisweilen auch in dunkle Nacht;
hat aber zu gewisser Stunde
ein Licht der Freude angemacht.

Wenn mich die Sorgen hart bedrückten, *
die Seele war in Angst gehüllt, **
hab ich so manches Mal erfahren,
wie Gottes Wort sich dann erfüllt.

Er nahm nicht immer weg die Bürde,
half überwinden diese Hürde;
hat die Gefahr oft abgewendet,
dass es im Unglück nicht geendet.

Bis hierher hat er mich getragen;
dafür will ich ihm Danke sagen
und weiterhin es mit ihm wagen!

*   *1. Petrus, V.5+7*
** *Psalm 42, V. 6+12*

Ostern

Der Stein ist fort,
das Grab ist leer!
Auferstanden ist unser Herr!
Es konnte ihn
der Tod nicht halten,
Er hat besiegt
den finstern Alten.

Besiegt sind auch
der Höllen Mächte.
Es triumphiert
Christus, der Gerechte!
Der Himmel ist
nun wieder offen
für alle,
die auf ihn hier hoffen.

Frauen - Der auferstandene Herr

(Markus 16 / Matth. 28 / Lukas 24 / Joh. 20)

Jesus, Sieger über Tod und Banden,
ist von den Toten auferstanden!

Drei der Frauen in ihrem Jammer
steh'n vor der leeren Grabeskammer.
Des Grabes Stein konnte ihn nicht halten;
er musste weichen, und Engelsgestalten
verkünden den Frauen das göttliche Walten.

„Er ist nicht mehr im Todesbann,
das Grab den Herrn nicht halten kann!"
So sprechen sie die Frauen an;
verbunden mit dem Auftrag dann,
den Jüngern, die mit Angst sich grämen,
die „Frohe Botschaft" zu erzählen.

Von der Gesellschaft oft getadelt,
der Herr die Frau vor allen adelt.
Maria wird als Erste schauen
sein gnadenreiches Angesicht;
so hebt er aus dem Staub die Frauen,
sie sehen schon das Osterlicht.

Die Freude ist groß,
sie eint Frau und Mann,
weil seit Ostern
für alle neues Leben begann.

Christi Himmelfahrt – Pfingsten

Als Jesus auf der Wolke
die Jünger verließ,
seinen Geist er zum Tröster
ihnen allen verhieß.

„Geht, sagt aller Welt
die Botschaft von mir.
Kommt her zu mir alle,
Heil findet ihr hier!“

Verheißung

Seitdem auf der Wolke
„ER“ fuhr hinauf,
ist der Himmel noch immer
für die Menschen weit auf.

Der Herr hat es verheißen:
„Ich bin für euch da,
mit meinem Geiste
bin ich euch nah!“

12

Herzensbrüche

Die Sünde
macht das Herz gewichtig,
es wird zu schwer,
bricht folgerichtig.

Nun hilft kein Mahnen
und kein Richten,
das blutend Herz
ist abzudichten.

Mit Liebe
und mit viel Gefühl
stillt man
des Herzens Aufgewühl.

So mancher sehnt sich
voller Schmerzen
nach lindem Trost,
der stärkt die Herzen.

Und zur Genesung
vollends dann
das Blut des Heilands
helfen kann!

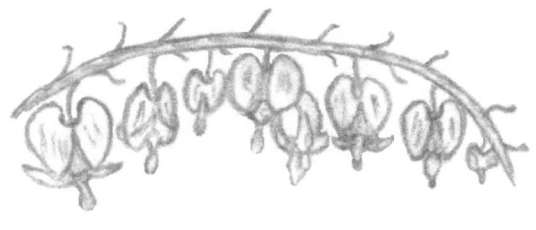

Wo kommen wir her...
Wo gehen wir hin?

Wissenschaft hin, Wissenschaft her,
ich dagegen freu' mich sehr;
mein Stammbaum
ist nicht bei den Affen,
denn Gott, der Herr, hat mich erschaffen!

Man könnte es zwar manchmal meinen,
wie affig manche Menschen scheinen.
Wir Menschlein denken ganz beflissen
unendlich wäre unser Wissen.

Doch unser Wissen ist beschränkt,
denn Gott, der Herr, die Schöpfung lenkt.
Mit Kraft sprach er:
„Es werde!"

Er schuf das große weite All
und unsere schöne Erde.
So hat er dann mit Wortes Macht
die Tiere auch hernach erschaffen,
und unter anderem die Affen.

Ja, Gott schuf selbst mit Meisterhänden,
nach seinem Bilde formt' er ihn,
beseelt' sein Werk mit seinem Geist;
fortan sein Werk er „Mensch" nun heißt.

Er schenkte ihm den schönen Garten,
um zu bewahren alle Arten.
Durch Hochmut und durch Sünde dann,
der Mensch dort nicht mehr bleiben kann.

Jetzt streift er ruhelos umher,
er hat hier keine Heimat mehr
und beutet, ach, es ist ein Graus,
die gute alte Erde aus!

Doch Gott spricht nochmals sein
„Es werde!"
und schafft aufs Neue
Himmel und Erde.
Der Mensch freut sich nun ungemein;
durch Christus ist der Himmel sein
und sein ist auch die Neue Erde.

P.S. Ich liebe die Affen!

15

Ewige Wahrheit

Ewige Wahrheit,
schenke uns Klarheit
für unser Leben
das zu erstreben,
was uns im Innersten
trägt und erquickt.

Mache zunichte
das schwere Gewichte,
das uns herabzieht
und niederdrückt.

Wirf in die Schale*
die Wundenmale,
durch die unsre Namen
im Himmel verbürgt.

Christus, die Klarheit,
ist Weg und Wahrheit.
Ewiges Leben
hat er uns gegeben.

Heute und morgen,
trotz Angst und Sorgen
sind wir geborgen.

Nun sollen erschallen
mit Dank unsre Weisen;
wir wollen den Höchsten,
den Ewigen preisen!

(Johannes 14, Vers 6)
(Joh. 17, Verse 5, 17 + 24)
(Waagschale)*

Wachstum

An dem, was Gott schickt
lasst uns wachsen.
Er sucht bei uns
die gute Frucht
und lässt es dabei
nicht beim Alten,
will uns erneuern,
umgestalten.

Unreife Früchtchen
hat er nicht gern;
eine reife Frucht sollen wir
sein vor dem Herrn.
Daran er seine
Augen weidet,
wenn er zur großen
Ernte schreitet.

Oft kommt es uns
so sinnlos vor,
ganz ohne ein Konzept;
wir haben über lange Zeit
viel Schweres mitgeschleppt.

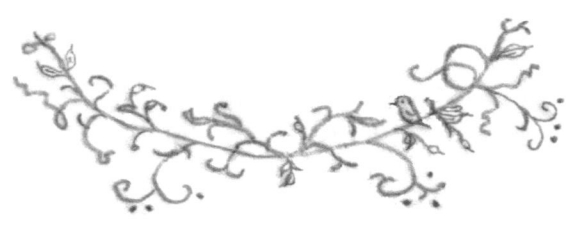

Wird uns zu schwer
die ganze Last,
so neigt er sich herab;
macht leichter,
was uns niederdrückt,
gewährt uns gute Rast.

Hat uns den Tisch
bereits gedeckt
und schenkt den Becher voll.
Wenn wir gestärkt
dann weiter ziehn,
uns Gutes folgen soll. *

Und ist vollendet unser Lauf,
der Atem geht schwer aus,
dann nimmt er uns
voll Liebe auf
in seinem Vaterhaus.

Was uns hier noch
verworren scheint,
wird dort auf einmal klar.
Wir stimmen ihm ein Loblied an
und bringen Dank ihm dar.

(*Psalm 23,V.5-6)

19

Ruhelos ist unser Herz
bis es Ruhe findet in Gott.

(Nach Augustinus)

Kennt ihr das heimliche Sehnen,
kennt ihr das Weh in der Brust?

Es ist nicht
das heiße Begehren
nach Leidenschaft,
Liebe und Lust.

Es ist das große Verlangen
nach Heimat,
die ewig und fest;
nach Armen,
die sicher tragen
und Liebe,
die niemals verlässt.

Wir lassen uns erfassen
von Gottes Liebesglut;
Er trägt uns durch die Zeiten,
bei Ihm wird alles gut!

Das Haus

(Ohne meinen lieben Mann)

Des Lebens Fülle ist dahin,
das Haus ist kalt und leer.

Nur hier und da
ein Knacken, Knistern.
„Sei still mein Kind",
so hör ich's flüstern,
„du kommst in
deines Vaters Haus.

Vergisst dort alles Leid
und Schmerzen.
Vergangen ist dann
Tod und Grab,
und Gott
wischt deine Tränen ab!"

Einsamkeit

Wehmut schleicht durch alle Zimmer,
erlebtes Glück nur noch ein Schimmer.
Die Zweisamkeit ist nun dahin,
allein ich noch im Hause bin.

Lauschend richt' ich meine Sinne
auf die Treppe und die Türe,
ob der Kinder Weg mal führe
zu der Mutter stillem Haus.

Manchmal hör' ich ihre Tritte,
denn es führen ihre Schritte
heim zu ihrem Elternhaus.
Und wir tauschen unser Lachen,
unser Reden glücklich aus,
bis sie rufen ihre Pflichten
und ich begleite sie hinaus.

Still schauen mich die Wände an,
von der Decke kommt kein Echo,
nur im Herzen fern der Klang
von liebevollen, warmen Worten
wie einen spricht der Liebste an.

Kein Arm legt sich
um meine Schultern,
wenn schwer mich drückt
des Lebens Last;
es sagt kein Mund:
„Ich helf dir tragen".
Daran das Herz gebrochen fast.

Einer* bricht jedoch das Schweigen
dort im Eck mit kühlem Blick,
spricht mich an
mit Bild und Worten,
doch die Leere kehrt zurück.

Dann kann mir nur Einer helfen,
der gesagt: „Kommt her zu mir,
ich helfe euch die Lasten tragen
und erquick' euch für und für".

Nun will ich ganz fest ergreifen
meines Jesu starke Hand;
er wird meine ganz umfassen;
will mich von ihm trösten lassen,
mein Herz in ihm nun Ruhe fand.

(* Fernseher)

23

Verlust und Zuversicht

Du bist gegangen,
ich bin nun allein.
Kein Mensch auf Erden
kann so nahe mir sein
im Denken, im Fühlen,
in allem Verstehn.
Jetzt ist mir so kalt hier;
wann werde ich dich sehn?

Und manchmal,
da hör ich den warmen Ton
deiner Worte und wähne schon
du wärst jetzt bei mir.
Du umfasst meine Schultern
mit treuem Blick,
und ein Stück des Weges
gehst du mit mir mit.

Doch der Traum ist nur kurz,
die Nächte sind lang.
In der Kälte mancher Tage
ist mir so bang.
Du gingst mir voraus,
ich folge dir nach
begleitet von Glück und Ungemach.

Ein „Andrer" fasst
ganz fest meine Hand.
Ich lasse mich führen
in ein anderes Land.
Im anderen Land
da gibt es kein Leid;
zum Tränen trocknen
steht Gott schon bereit!

Er heilt alle Wunden,
die das Leben mir schlug,
in Ihm hab ich alles,
das ist mir genug!

Wegbegleiter

Kummer und Schmerz,
meine treuen Begleiter,
folgen mir nach
oder streben voraus.

Gehen als Paar
mir auch dann noch zur Seite,
wenn manchmal das Leben
nach Freude sieht aus.

Ich wandre im Zwielicht
den Weg matt voran,
schwer sind die Schritte,
komm fast von der Bahn.

Doch dann streck ich Hände
und Herz nach dem Mann,
der auf Golgathas Hügel
für mich alles getan.

Er senkt seinen Frieden
und Freude ins Herz,
dass klein werden
Einsamkeit, Kummer und Schmerz.

Klassische Musik

Mit der Klassik schönen Weisen,
wird mein Herz oftmals erquickt.

Wie Balsam sie mein Herz berühren,
wenn die Trauer niederdrückt.

Heben dann mein Herz empor
aus der stillen Einsamkeit;
doch sie können nicht ersetzen
Menschen - ihre Zweisamkeit.

Tränen

Rauben viele Kümmernisse
dir zuweilen jede Kraft,
dann ruh an Jesu starkem Herzen;
er lindert deiner Seele Schmerzen.

Nun kannst du wieder fröhlich singen
und deiner Tränen Perlenschnur
mit Dank zu seinem Throne bringen.
Vertrau ihm still, folg seiner Spur!

Schwierige Zeiten

O Land, Land, Land,
höre des Herrn Wort!
(Jeremia 22, V. 29)

Wie geht es weiter?
Wir driften fort
und scheren uns nicht
um Gottes Wort.

Ohne Gottesbezug leisten
die Großen den Eid
und sind doch
voller Ratlosigkeit.

Werteverfall
ist fast überall.
Lasst uns besinnen
und neu beginnen

und fragen nach
Gottes guten Geboten;
so lässt sich Schwieriges
besser ausloten!

Kriegsmarine
Einsatz im Libanon

Unser junger Fahrensmann,
landet in der Heimat an.
Er schipperte nicht nur
nach Scharhörn,*
nein, bis ins Mittelmeer
fuhr Jörn.**

Es war nicht das Traumschiff,
nicht die Cap Anamur,
mit einem Kriegsschiff
er die Meere befuhr.

Mit einem ganzen Flottenverband
verließ Jörn sein Heimatland.
Am Kai standen noch lange
die Lieben gebannt;
winkten, bis am Horizont
das Schiff verschwand.

Die „Frankfurt am Main"
bringt die Mannschaft voran.
Die Küste des Libanon
bewacht Mann für Mann.

Und ist zu Ende
der Einsatz auf See,
trinkt Jörn auf Zypern
entspannt mal Kaffee.

Leise fliegen Grüße
über Land und Meer,
zu Mutter und Geschwistern,
auch von dort zu ihm her!

Nun bist du hier,
wir danken dafür.
Gott hat dich bewahrt,
halt ihm offen die Tür!

So geh deinen Weg,
doch bedenke ihn gut;
Besonnenheit ist manchmal
edler als Mut!

(*Kleine Nordseeinsel, ** Mein Neffe)

31

Nie wieder Krieg

Nie wieder Krieg!
Im Wahn der Tyrannen
Vernunft liegt gefangen.

Leere Gesichter,
Augen ohne Lichter.
Angst im Herzen,
überall Schmerzen.

Gang ohne Tritt,
Grauen geht mit.
Zuflucht im Keller,
Bomben sind schneller.

Häusergespenster
ganz ohne Fenster.
Straßen voll Schutt,
alles kaputt.

Leerer Magen,
Mütter die klagen.
Väter im Krieg,
es gibt keinen Sieg.

Blankes Entsetzen
in Kinderherzen.
Nirgendwo Scherzen,
verlöschende Kerzen.

Wütende Kälte, grässliche See,
und der schreckliche Schnee.

Angst vor den Hunden
die viele gebunden. *
Rauchende Schlote, **
unendlich viele Tote.

Die braunen Gedanken
weist in die Schranken;
schneidet zurück
die gefährlichen Triebe!

Niemals mehr hören
gestiefelte Schritte.
Wo Menschen sich lieben,
da ist die Mitte.

Verbindet euch Menschen in göttlicher Liebe!

*Gestapo, **Krematorien

33

Unsere Marta

Im Dörflein hier, fast in der Mitte,
da lebt nach guter alter Sitte
die Marta, eine gute Frau.
Doch wäre es ganz ungenau,
wenn die Beschreibung dabei bliebe,
denn sie ist voller Nächstenliebe.

Was man zu Hause nicht mehr braucht,
sie liebevoll und gut verstaut
in große Kisten, schön sortiert;
den Überblick sie nicht verliert.

Doch davon mal ganz abgesehen,
sie tut es, wie es tat Tabea,
welche man in Joppe kannte,
die man daselbst auch „Rehe" nannte.

(Apostelgesch. 9, V.36 – 42)

Zweitausend Schlüpferchen sie strickte;
und mit schönen warmen Decken
sie viele Menschen hochbeglückte.
Pullöverchen, Stücker dreihundertsiebzig,
machen viele Kinder überglücklich.

Sie tut dies alles Gott zu Ehren,
wie wir schon von Bach es hören.

„Soli deo Gloria"
So schrieb er über seine Werke;
auch das ist Martas große Stärke.

Sie denkt nicht an des Alters Schwächen
und ignoriert so die Gebrechen.
Nach Afrika, nach Ost und Nord
rollt gutbestückt ein Schwertransport.
Durch Hände falten und stilles Flehn,
managt sie das souverän.

Jedoch nicht nur mit Tatenkraft
sie viele frohe Menschen schafft.
Hat stets ein gutes Wort bereit
für jeden, der ihr klagt sein Leid.

Die „Neunzig" hat sie überschritten,
ist dennoch voller Tatendrang;
die Arbeit macht sie gar nicht bang.

Wir wünschen ihr noch viele Jahre,
Gesundheit und ein fröhlich Herz
und dort dereinst im Himmelssaale
die Ehrenkrone aufgesetzt!

Am 24.01.05. wurde in einer Feierstunde,
die Ehrennadel des Landes Rheinland-Pfalz
an Marta Lehnert überreicht.

35

Erntedank

Gott schenkt uns das Brot
und auch den Fisch.
Täglich deckt er neu den Tisch.

(Matth. 14, V. 17-20)

Er gebietet dem Wetter,
hat die Ernte beschützt;
lässt manches geschehen,
was uns irgendwie nützt

und stillt den Hunger
unserer Seele,
denn Brot allein
macht noch nicht satt.

Wohl dem, der auch noch
für sein Leben
das Wort des Herrn
zur Speise hat.

(Jer. 15, V. 16; Joh. 6, V. 35)

Doch ist's auf der Erde
nicht überall gleich,
viele schmerzt Hunger,
und hier ist man reich.

Wir können dies
mit Dank genießen,
doch unser Herz
soll überfließen.

Lasst uns teilen das Brot
mit Herz und mit Hand,
dass niemand mehr hungert
wo immer im Land!

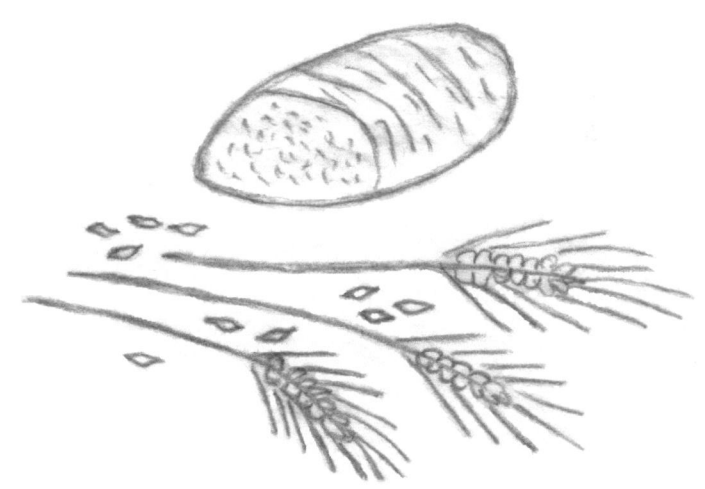

Feststellung

Beim Einkaufen

Wo voll die Einkaufswagen rasseln,
die Angebote auf uns prasseln,
sei ein jeder noch hienieden
mit seinem Dasein
hochzufrieden.

Man lass das Jammern
und das Schelten
und schau sich um
in andren Welten!

Spezialitäten uns bereichern,
ein andres Land
kein Korn mehr speichert.

Weil viele sich
mit Hunger quälen,
bei uns der Dank
nicht sollte fehlen.

Herbstabend

Der Tag geht hin,
noch glänzt sein Licht
und taucht in Gold die Welt.
Mit kühlem Hauch
senkt Schatten sich
sacht über Berg und Feld.

Der Mensch, dann müd,
ermattet sich der Ruhstatt zugesellt.
Wohl dem, der nun den müden Leib
dem Schöpfer anheim stellt.

Dann zieht herauf ein neuer Tag
in Gottes schöne Welt.
Ein Neubeginn im Diesseits noch;
im Jenseits einst
ist's immer hell,
weil keine Nacht mehr fällt.

Herbst — Tanz der Blätter

Aufruhr ist im Blätterwald;
der Wind bläst neuerdings so kalt.
Die Blätter sind schon bunt gemacht
und legen an die Festtagstracht
in Purpur und in Goldbrokat.

Die Sonne meint's noch einmal gut
und strahlt sie an mit warmer Glut.
Nun wird der Wind auch milder,
lässt tanzen sie wie Kinder.
Sie rascheln mit den Röcken
auf Ästen, Zweigen, Stöcken.

Und wenn sie müde sind vom Tanzen,
die Purpurbäckchen sind erblasst,
dann schürzen sie nicht mehr die Röckchen
und fallen leise von dem Ast.

Sind wir auch müde einst vom Tanzen,
um vieles und ums goldne Kalb,
lass fallen uns in deine Hände, oh Gott,
und nicht nur in das dunkle Grab!

Friedhof im Schnee

Ein weißes Tuch, wie Wolle so weich,
bedeckt die Gräber, des Todes Reich.

Da schläft der Lieben noch irdisch Gebein,
Seite an Seite in der Gräber Reih'n.

Doch weit spannte die Seele die Flügel schon aus, *
dem Heiland entgegen, ins himmlische Haus.

Aus heiseren Kehlen tönt krächzender Klang,
ein Chor schwarzer Krähen mit Schauergesang.

Kalt weht der Wind die Krähen mit fort,
lässt wirbeln die Flocken über dem stillen Ort.

(* Nach J. v. Eichendorff)

41

November-Totensonntag

Die Tage werden kürzer,
kühl kriecht's den Rücken rauf.
Ein Ahnen auf den Winter,
so ist des Lebens Lauf.

Die letzten goldnen Tage entfliehn -
und weiße Nebelschleier
jetzt Berg und Tal umwehn.

Gleich einem grauen Haupte
mit müdem, schwachem Blick
schaut wolkenschwerer Himmel
auf helle Zeit zurück.

Die Blätter fallen leise,
verstohlnen Tränen gleich –
ein Abschied zu der Reise
ins starre Winterreich.

Die Erde ahnt den scheinbar'n Tod,
beschenkt uns noch mit Früchten,
zu kommen durch die Wintersnot;
es ist nicht mehr zum Fürchten.

Denn im Verborgnen regt sich,
wie in der Mutter Schoß,
ein Keimen in der Erde;
*trotzt Stürmen, Frost und Schloß.** *

Drum Mensch,
erheb dein Haupte,
nimm Beispiel dir daran;
durch Jesu Tod und Opfer
der Tod nicht töten kann.

(*Altdeutsch: Schloßen=Wolkenbruch)

Advent - Weihnachten

ER steht vor der Tür
und klopft leise an.
Ist trotz Hetzen
und Kaufen
noch Platz für den Mann?

Als Kindlein
kam er in
Krippe und Stall,
obwohl ihm gehört
das unendliche All.

Öffnet Jesus die Herzen,
holt ihn heraus
aus dem Stall,
zündet Lichter der Liebe
auf der Welt überall!

Heiligabend

Gott schenkt uns sein Liebstes,
den einzigen Sohn.
Um uns zu erlösen,
verließ er den Thron.

Wir beten Ihn an
in der heiligen Nacht,
nachdem uns die Engel
die Botschaft gebracht:

„Euch ist der Heiland heute geboren,
ihr seid fürwahr nicht mehr verloren!"

Mit der Engel Jubelschar,
singen wir das „Große Gloria":

(Lukas 2, V.14)

„Ehre sei Gott in der Höhe
und Friede auf Erden,
den Menschen seines Wohlgefallens!"

Weihnachtsglöckchen

Kraftvoll tönt der Glocke Rufen:
„Setz dich zu der Kanzel Stufen.
Eil, zu hören Gottes Wort!''

Dies Glöcklein zart,
von Glanz umsponnen,
ruft dich zur Krippe voller Wonnen!

Das Kindlein zart,
nach Lammes Art,
die Sünd' der Welt getragen hat.

Weihnachtskugeln

Mit des Häkelns goldner Masche
wird die Kugel sacht umhüllt.
In stiller Zeit mit sanftem Glanze,
sie ihren Zweck dann hold erfüllt.

46

Weihnachtsstern

Ein kleiner Stern
von Hand gemacht,
nicht aus des Universums Pracht,
doch voll, von stillem Glanze.

Vereint mit
Glöckchen, Kugeln, Kerzen
erahnen wir
in unsern Herzen,
was uns die stille Nacht gebracht.

Sylvester – Neujahr
Im Fluge der Zeiten

Wieder geht ein Jahr zu Ende.
Was hat's gebracht
an Freud und Leid?

Lief es eben und behände
hinein ins Meer
der Ewigkeit?

War jeder Tag
voll Kummer und Schwernis?
Wie es auch war,
Glück oder Fährnis; (Gefahr)

wir wollen es neu wagen,
Altes und Neues
Gott übertragen!

Denn: Zuflucht
ist bei dem alten Gott
und unter den ewigen Armen!

(5. Mose 33, V. 27)

Zuflucht

Wir sind ja nur ein Sandkorn
an diesem wüsten Ort.
Der Wind, er will es treiben
von Wüste zu Wüste
grad immerfort.

Die Welt, die geht zu Trümmern,
Du bist uns Burg und Hort.
Nimm unser Zittern unser Zagen,
und lass es uns aufs Neue wagen
mit dir hier unsre Last zu tragen.

Hieltst du uns nicht in Händen
und wehrtest Sturm und Rott, *
wir fänden nicht den Weg
zu dir Herr, unser Gott.

Folgende Gedichtbände empfehle ich Ihnen

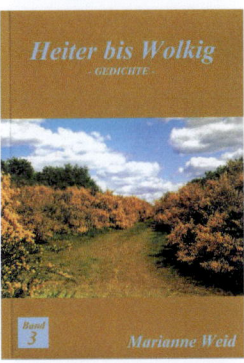